Bibliografische Information der Deutschen Nationalbibliothek:

Die Deutsche Bibliothek verzeichnet diese Publikation in der Deutschen National-
bibliografie; detaillierte bibliografische Daten sind im Internet über http://dnb.d-
nb.de/ abrufbar.

Impressum:

Copyright © 2019 GRIN Verlag
Druck und Bindung: Books on Demand GmbH, Norderstedt Germany
ISBN: 9783346160737

Dieses Buch bei GRIN:

https://www.grin.com/document/536435

Nikola Finze

IBCS Richtlinien im Webanalyse Tool Google Analytics und ihre Umsetzbarkeit

GRIN Verlag

Umsetzbarkeit der IBCS Richtlinien im Webanalyse-Tool Google Analytics

Bachelorarbeit
im Studiengang Wirtschaftsinformatik
im Sommersemester 2019

Zusammenfassung

Die Ressource „Daten" und die daraus gewonnenen Informationen erhalten für Unternehmen in der heute zunehmend digitalisierten Welt einen immer höheren Stellenwert. Der Zugang zu richtigen Informationen zur richtigen Zeit und am richtigen Ort und die Möglichkeit diese sinnvoll auszuwerten ist dabei essentiell. Die zu diesem Zweck entwickelten Visualisierungsformen von Berichten und Dashboards variieren sogar innerhalb von einzelnen Unternehmen erheblich. Um diese zu vereinheitlichen und zu standardisieren wurden die sog. International Business Communication Standards (IBCS) formuliert. Ziel dieser Arbeit ist es, das marktführende Webanalyse-Tool „Google Analytics" auf diese Standards hin zu prüfen. Hierbei wurden die Möglichkeiten innerhalb der Erstellung von personalisierten Dashboards auf Notationsstandards der IBCS geprüft und die daraus gewonnenen Erkenntnisse für Anwender und Softwarehersteller zusammengefasst.

Inhaltsverzeichnis

1 Motivation

"Sitzungen", "Seitenaufrufe", "Absprungrate", "Konversionsrate". Diese Webanalyse Kennzahlen haben sich zu den wichtigsten Kennzahlen im Online Handel etabliert und sind aus heutigen Auswertungen nicht mehr wegzudenken. Wie viele Nutzer die eigene Webseite besuchen, wie sich die Besucher darauf verhalten und welche Schwachstellen sie hat sind wichtige Fragen, mit denen sich die Webanalyse beschäftigt.

Das meistgenutzte Tool im Bereich der Webanalyse ist Google Analytics und wird seit 2005 gebührenfrei von Google bereitgestellt (Reese 2009, S. 132). Trotz der bestehenden Bedenken hinsichtlich Googles Datenschutz, wird es in 54 Prozent aller deutschen Webseiten verwendet und erreicht bei .com-Domains sogar einen Markanteil von knapp 75 Prozent (Berg 2018, S. 49).

Google Analytics bietet eine kontinuierliche Webseitenanalyse und statistische Auswertungen. Dank zahlreicher vorgefertigter Berichte kann man einen schnellen Einblick in das Verhalten der Webseitennutzer bzw. in die Webseitenperformance bekommen. Es vereinfacht auch die Erstellung eigener Dashboards zur Darstellung unternehmensspezifischer Kennzahlen. Die Visualisierungsformen von Google Analytics sind auf den ersten Blick ansprechend und für eine Übersicht von Echtzeitdaten oder Kennzahlen des Nutzerverhaltens oder des E-Commerce Bereichs sehr hilfreich. Allerdings dringt Google mit der Visualisierung von Webseiten- und Geschäftsdaten in den Bereich der Informationsvisualisierung vor. Hierbei muss nicht nur die Korrektheit der Darstellungen gewährleistet sein, auch Faktoren wie Informationsdichte oder Einheitlichkeit spielen eine wichtige Rolle.

Der IT-Experte und Professor Dr. Rolf Hichert hat schon früh begonnen, internationale Notationsstandards für die Visualisierung von Geschäftsinformation zu formulieren und diese zusammen mit seinem Kollegen Dr. Jürgen Faisst in den „International Business Communication Standards" (IBCS) zu veröffentlichen (Hichert und Faisst 2017, I). Bisher ist die Umsetzbarkeit der IBCS mit einer Standardsoftware allerdings ein wenig untersuchtes Thema. Es gibt zahllose Tools in der Webanalyse, die alle nach ihren eigenen Standards Geschäftsinformation visualisieren, doch nur wenige beziehen Notationsstandards wie die der IBCS bei der Bericht- oder Dashboard-Erstellung mit ein.

Der größte europäische Softwarehersteller SAP zeigt exemplarisch auf, wie sich die Berücksichtigung der IBCS-Notationsstandards positiv auf die Berichterstellung eines Unternehmens auswirkt (pwc 2014). SAP gehört zu den ersten Unternehmen analytischer Software, die Wert auf eine IBCS-Zertifizierung legen. Nachdem sie 2011 die IBCS in die Definition ihrer Notationsrichtlinien aufnahmen, konnte daher mithilfe von Standardisierung und Vereinheitlichung bei der Berichterstellung bereits nach wenigen Jahren ein deutlicher Mehrwert dokumentiert werden. (Hichert und Faisst 2014, S. 11)

Doch stellt sich nun die Frage, wie Webanalyse-Tools, die diese Standards in der Implementierung ihrer Software nicht berücksichtigt haben, die Vorschläge der IBCS-Notationsstandards trotzdem umsetzen können. Nachdem Google Analytics sich als Marktführer im Bereich der Webanalyse etabliert hat, soll in dieser Arbeit geprüft werden, ob eine problemlose Umsetzung der IBCS-Notationsstandards innerhalb von Google Analytics gegeben ist. Es wird untersucht, wo die Standards nur schwer oder gar nicht umgesetzt werden können und was man bei der Umsetzung beachten sollte.

Im Rahmen eines Projektes mit der ECENTA AG wurden in den vergangenen Monaten drei personalisierte Dashboards in Google Analytics für einen Webshop entwickelt. Sie werden innerhalb dieser Arbeit auf die IBCS eingehend geprüft. Im gleichen Zuge werden Nutzungsempfehlungen für Anwender des marktführenden Webanalyse-Tools entwickelt, damit Alternativen für eine möglichst gute Informationsvisualisierung gefunden werden können. Diese berücksichtigen, inwieweit Verständnis und Interpretation der Informationen durch die Darstellungsarten in Google Analytics gefährdet werden können. Ebenfalls werden Vorschläge für Funktionserweiterungen an Google selbst formuliert, um die Darstellungsmöglichkeiten hinsichtlich der Notationsstandards zu erweitern und zu verbessern.

2 Abgrenzung des Forschungsgegenstandes

Im Folgenden werden die IBCS-Notationsstandards und das Webanalyse-Tool Google Analytics erklärt, sowie wichtige Kennzahlen dieser Arbeit definiert.

2.1 International Business Communication Standards

Notation kann allgemein als „System von Zeichen" (Brockhaus 1999, S. 8) definiert werden. Sprachen und deren über Jahrtausende entwickeltes Zeichen- und Symbolsystem zeigen besonders die Relevanz einer standardisierten Notation auf. Ist dem Empfänger die Notation des Senders nicht klar, kommt es schnell zu Unklarheiten und Fehlern in der Kommunikation bzw. der Informationsweitergabe. Ob in Sprache, Musik oder Wissenschaft, Standards wurden entwickelt und eingeführt, um eine Kommunikation zu vereinheitlichen und sind weder auf nationaler, noch auf internationaler Ebene wegzudenken.

Betrachtet man Darstellungsformen im Bereich der Informationsvisualisierung, variieren diese oft stark. Dabei können irreführende Darstellungsformen schnell zu falschem Verständnis führen. Rolf Hichert setzt sich bereits seit über 30 Jahren mit der Visualisierung von Geschäftsdaten auseinander und entwickelte zusammen mit Jürgen Faisst internationale Standards zur Visualisierung von Geschäftsinformation, die innerhalb der IBCS veröffentlicht wurden (IBCS Association o.J.).

Die IBCS beinhalten praktische Vorschläge bezüglich der Darstellung von Information. Diese Standards wurden festgelegt, um Darstellungsarten vor allem für Diagramme und Tabellen zu vereinheitlichen und so Fehlinterpretationen von Information zu verhindern. Zahlreiche renommierte Unternehmen, wie z.B. der Softwarehersteller SAP und die Wirtschaftsprüfungsgesellschaft KPMG, aber auch die deutsche Bundeswehr verwenden bereits diese Standards (Hichert und Faisst 2014, S. 3).

Innerhalb der IBCS wird zwischen konzeptionellen, semantischen und Wahrnehmungsregeln unterschieden. Die konzeptionellen Regeln beinhalten die Unterpunkte „Say" und „Structure" und befassen sich mit dem Adressaten, der Art der Botschaft und der Struktur des Inhalts von Geschäftsberichten. Der umfassendste

Teil beinhaltet die Wahrnehmungsregeln und besteht aus den Unterpunkten „Express", „Simplify", „Condense" und „Check". Hier werden Regeln formuliert, die helfen sollen Inhalte durch ein verständliches, aber vor allem korrektes visuelles Design mit einer möglichst hohen Informationsdichte darzustellen. Zuletzt befassen sich die semantischen Regeln in dem Unterpunkt „Unify" mit der Vereinheitlichung u.a. von Terminologien und Beschreibungen der Dashboards oder Berichte. (Hichert und Faisst 2017, IV)

Die konzeptionellen Regeln der IBCS beziehen sich auf die Art und Struktur des Inhalts eines zu erstellenden Geschäftsberichts und müssen bereits vor der Implementierung festgelegt werden. Sie haben daher keinen zu prüfenden Einfluss auf die Möglichkeiten bei der Erstellung von Dashboards in Google Analytics und werden in dieser Arbeit nicht weiter betrachtet. Ähnliches gilt für die semantischen Regeln. Hier obliegt es dem jeweiligen Anwender, einheitliche Terminologien und Beschreibungen zu verwenden. Die Dashboards werden daher schwerpunktmäßig auf die Wahrnehmungsregeln untersucht.

2.2 Google Analytics

Das 2015 gegründete Dachunternehmen Alphabet Inc. (ehem. Google LLC) stellt mit Google Analytics ein Webanalyse-Tool bereit (US Securities and Exchange Commission 2015). Laut einer Umfrage verwenden 51 Prozent der deutschen Onlinehändler Google Analytics zur Auswertung von webseitenbezogenen Daten (Statista (Hg.) 2018). Nicht nur die kostenfreie, cloudbasierte Bereitstellung, auch die einfache Einrichtung des Tools ist verantwortlich für den hohen Marktanteil.

Neben zahlreichen, vorgefertigten Berichten gibt es in Google Analytics die Möglichkeit, eigene Dashboards anzufertigen. Mit diesen Dashboards kann man Kennzahlen definieren, die man in sog. Widgets als Messwert, Verlauf, Landkarte, Tabelle, Kreisdiagramm oder Balkendiagramm einfügen kann. So hat man die Möglichkeit, schnell und einfach eigene Dashboards für wichtige Kennzahlen des Nutzerverhaltens oder des E-Commerce Bereichs zu erstellen und anzupassen. Diese Arbeit wird nur auf die soeben beschriebenen personalisierten Dashboards von Google Analytics eingehen, da eine Anpassung der vorgefertigten Berichte nicht möglich ist.

2.3 E-Commerce Kennzahlen

E-Commerce, als Teil des E-Business, verwendet Informations- und Kommunikationstechnologien für online Transaktionen (Corey und Wilson 2009, S. 285). In diesem Abschnitt werden die wichtigsten Kennzahlen, die für E-Commerce Webseiten relevant sind, definiert und deren Nutzen kurz erläutert. Hierzu gehören Nutzer, Sitzungen, Seitenaufrufe, Absprungrate und E-Commerce Konversionsrate.

Nutzer sind alle Besucher einer Webseite. Diese Kennzahl ist wichtig, um die Reichweite einer Webseite zu beschreiben (Keßler et al. 2019, S. 612). Da wiederkehrende Nutzer im Vergleich zu neuen Nutzern in ihren Verhaltensweisen differieren, wird innerhalb Google Analytics zwischen diesen beiden Nutzertypen unterschieden. Mit Hilfe von einer sog. Client-ID kann Google Analytics herausfiltern, ob ein Besucher bereits zuvor schon einmal die Webseite besucht hat oder zu den neuen Nutzern gehört. So kann man erkennen, was die Verhaltensunterschiede zwischen neuen und wiederkehrenden Nutzern sind und entsprechend danach handeln. (Google Analytics 2018)

Sobald ein Nutzer auf eine Webseite kommt, entsteht eine neue Sitzung. Eine Sitzung wird von Google Analytics als „Gruppe von Interaktionen, die innerhalb eines bestimmten Zeitrahmens mit Ihrer Website stattfinden" (Google Analytics 2019c) definiert. Eine Sitzung umfasst hierbei standardmäßig 30 Minuten und wird daher beendet, sobald ein Nutzer 30 Minuten inaktiv ist, spätestens aber um Mitternacht. Ein einzelner Nutzer kann daher an einem Tag auch mehrere Sitzungen haben. Zu einer Sitzung zählen dann alle Aktivitäten, die innerhalb dieses aktiven Zeitraums auf der Webseite vollzogen werden. „Sitzungsdauer" bezeichnet dann die Zeit, die ein Nutzer durchschnittlich auf der Webseite verbracht hat. (Google Analytics 2019c)

Ein Seitenaufruf wird von Google Analytics erfasst, sobald auf einer Webseite eine Seite geladen oder aktualisiert wird. Hierbei wird nicht berücksichtigt, ob man auf eine Seite zurückkehrt oder diese nur aktualisiert. Besonders werbefinanzierte Webseiten möchten hier einen möglichst hohen Wert dieser Kennzahl erzielen, da das Abspielen von Werbung davon abhängt (Keßler et al. 2019, S. 613). So sind innerhalb einer Sitzung viele Seitenaufrufe möglich, weswegen man vorsichtig bei der Einstufung dieser Zahl sein sollte. Eine hohe Anzahl an Seitenaufrufen muss nicht bedeuten, dass auch eine hohe Anzahl an Nutzern diese Seite besucht hat. (Google Analytics 2019b)

Man spricht von einem sog. Absprung, auch bekannt unter „Bounce", wenn ein Nutzer nur eine einzige Seite aufruft und die Webseite ohne weitere Aktion danach wieder verlässt. Die Absprungrate errechnet sich aus dem Quotient von Besuchern einer Seite und allen Sitzungen zusammen. Meistens ist eine geringe Absprungrate das Ziel, da man möchte, dass Nutzer durch entstandenes Interesse länger auf der der Webseite bleiben und sich mehrere Seiten anschauen. Falls man jedoch nur wenige Seiten auf seiner Webseite hat und die wichtigsten Informationen dort bereits abgebildet sind, ist bspw. die Anzahl an Seitenaufrufen wichtiger als eine geringe Absprungrate. (Google Analytics 2019a)

Zuletzt kommen wir zu einer besonders aus dem Online-Marketing bekannten Kennzahl, der Konversionsrate. Bei einer Konversion handelt es sich um ein webseitenspezifisches Ziel, wie zum Beispiel eine Transaktion oder ein Kauf auf einer Webseite. Doch auch eine Newsletter Anmeldung oder ein Download von der entsprechenden Webseite kann bereits als Konversion gelten. Da sich diese Arbeit auf eine E-Commerce Webseite bezieht, wird nur die sog. E-Commerce Konversionsrate behandelt. Diese berechnet sich aus dem Quotienten von Transaktionen und Sitzungen. So lässt sich feststellen, wie viele Besucher auch tatsächlich am Ende einen Kauf getätigt haben und ob man vielleicht hinsichtlich von Marketing oder Webseitenoberfläche Änderungen vornehmen sollte. (Analytics Help 2019)

3 Fallstudie

Nachdem sich die Arbeit auf ein Projekt der Firma ECENTA stützt, wird in diesem Abschnitt zunächst der Projektrahmen kurz beschrieben. Anschließend werden die Möglichkeiten bei der Erstellung von Dashboards in Google Analytics hinsichtlich der IBCS dokumentiert.

3.1 Projektrahmen

Im Rahmen des Projektes der ECENTA AG wurde die Auswertung eines E-Commerce Webshops beim Verfasser dieser Arbeit in Auftrag gegeben. Aufgaben hierbei waren die Festlegung der notwendigen Kennzahlen, die Prüfung auf deren Umsetzbarkeit, sowie das Anlegen der erforderlichen Tags und Trigger im Google Tag Manager, um notwendige Daten für die Kennzahlen zu sammeln. Daraufhin wurden mit Hilfe von Google Analytics personalisierte Dashboards erstellt.

Im ersten Schritt, bei der Definition relevanter Kennzahlen, musste zunächst festgelegt werden, welche Information hinsichtlich der Auswertung eines E-Commerce Webshops abgebildet werden soll. Hierbei handelt es sich um Kennzahlen wie Nutzer, Sitzungen, Seitenaufrufe, Absprungrate, Sitzungsdauer, Umsatz, Konversionsrate u.v.m. Die Kennzahlen hat man dann in die Kategorien Benutzerverhalten (z.B.: Sitzungsdauer, Absprungrate) und E-Commerce (z.B.: Umsatz, Konversionsrate) aufgeteilt. Für jede Kategorie wurde ein eigenes Dashboard entworfen, das die ausgewählten Kennzahlen beinhaltet. Zudem wurde ein Dashboard für eine zusammenfassende Gesamtübersicht entwickelt. Bei der Festlegung und Anordnung der Kennzahlen hat man besonders die konzeptionellen Regeln berücksichtigt. Hier wurde auch versucht, das Prinzip des „Storytelling" soweit wie möglich zu berücksichtigen. Beim „Storytelling" geht es darum, die Vielzahl an Informationen so darzustellen, dass durch den Aufbau ein Zusammenhang erkennbar wird und eine klare Botschaft vermittelt wird (Riche 2018). Im Anschluss wurde dann geprüft, ob die Daten für die Kennzahlen von dem Webshop erhältlich sind, und falls nicht, die Dashboards nochmals entsprechend angepasst.

Im nächsten Schritt wurden mit Hilfe des Google Tag Managers alle für die Kennzahlen notwendigen Tags implementiert. Beim Google Tag Manager handelt es sich um ein ebenfalls von Google kostenlos bereitgestelltes Tool, über das als Tag-Management-System die entsprechenden Tags erstellt und aktualisiert werden können. Bei den Tags handelt es sich um die Tracking-Komponenten für Google Analytics oder andere Tools, die meist aus JavaScript Code bestehen (Weber 2015, S. 23).

In einem weiteren Schritt wurden schließlich in Google Analytics drei Dashboards gebaut, eins für jeden Abschnitt und ein weiteres als Übersichtsdashboard. Bei jedem Schritt wurden die IBCS-Notationsstandards stets miteinbezogen.

3.2 Studie

Dieser Abschnitt befasst sich zunächst mit den generellen Möglichkeiten bei der Erstellung personalisierter Dashboards in Google Analytics und prüft anschließend die einzelnen Darstellungsformen, die sog. Widgets, auf ihre Übereinstimmung mit den IBCS-Notationsstandards.

Personalisierte Dashboards zu erstellen erwies sich dank der intuitiven Bedienbarkeit des Tools im Allgemeinen als unkompliziert. Sobald die Kennzahlen festgelegt sind, können sie mit Hilfe eines entsprechenden Widgets dem Dashboard hinzugefügt werden. Widgets werden von Google als „Miniberichte" (Google Analytics 2019d) definiert. Sie dienen der Darstellung von unterschiedlichen Kennzahlen auf verschiedene Visualisierungsformen. Insgesamt können maximal zwölf Widgets zu einem personalisierten Dashboard hinzugefügt werden. Die einfache Bedienbarkeit zeigt sich hier unter anderem durch die Möglichkeit, die einzelnen Widgets per Drag-and-Drop zu verschieben. Zur Auswahl stehen, wie in Abbildung 1 zu sehen, insgesamt sechs verschiedene Widget-Arten:

Mit Ausnahme der Kreis- und Balkendiagramme können die Widgets auch für Echtzeitdaten verwendet werden. Diese Echtzeitdaten beschränken sich allerdings auf die momentane Anzahl von aktiven Nutzern der Webseite, sowie aktuelle Seitenaufrufe nach Regionen.

Im Folgenden werden Anpassungsmöglichkeiten für Dashboards generell aufgeführt. Anschließend werden die Widget-Arten jeweils einzeln untersucht. Bei den blau umrandeten Abbildungen handelt es sich um Visualisierungsformen in Google Analytics, schwarz umrandet sind Darstellungen aus den IBCS-Notationsstandards.

3.2.1 Anpassungsmöglichkeiten personalisierter Dashboards

IBCS schlägt innerhalb der semantischen Regeln zur Vereinheitlichung der Bedeutung folgende Farbwahl für Diagramme vor. Das Vorjahr (engl.: **P**revious **Y**ear) bzw. die Vorperioden werden grau dargestellt, die aktuelle Periode (engl.: **ACT**ual) schwarz, geplante Szenarien (engl.: **BUD**get) weiß mit schwarzer Umrandung und Forecasts (engl.: **F**ore**C**ast) schwarz-weiß schraffiert (Hichert und Faisst 2017, S. 117–119).

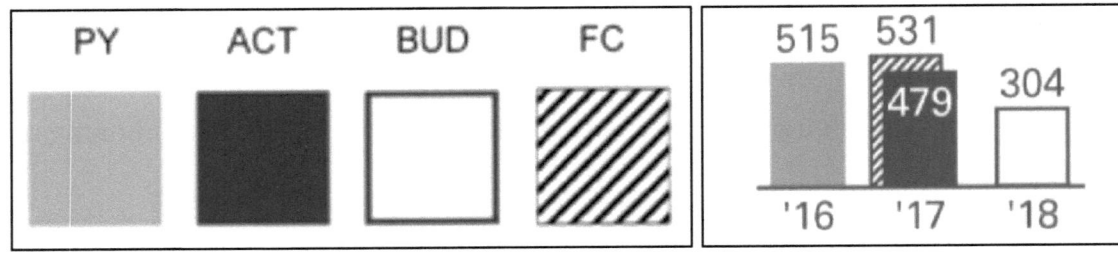

Abbildung 1: Farbvorgaben nach IBCS (Hichert 2010, 00:15) (links) und Diagrammbeispiel mit angewandten Farbvorgaben (Hichert und Faisst 2017, S. 117) (rechts)

Diese Zuordnung lässt sich aber in Google Analytics nicht umsetzen, da das Tool generell nur die Farbe Blau verwendet. Falls eine Farbunterscheidung notwendig wird, werden als weitere Farben Grün, Orange, Violett, Gelb und Lila hinzugezogen. Dass Farben eine visuelle Wirkung besitzen, vernachlässigt Google Analytics hierbei. In den IBCS-Notationsstandards wird festgelegt, positive Auswirkungen in Grün darzustellen, negative hingegen in Rot (Hichert und Faisst 2017, S. 124–125). Eine eigene Wahl der Farben ist auch innerhalb der Einstellungen der Datenansicht bei Google Analytics nicht möglich.

Bezüglich der Layoutfunktionen sind die Möglichkeiten in Google Analytics ebenfalls sehr eingeschränkt. Hier kann lediglich die prozentuale Aufteilung der

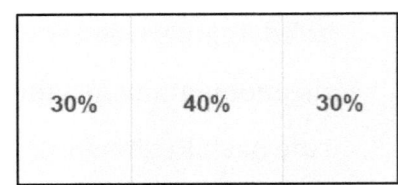

Abbildung 2: Dashboard Layout

Widgets festgelegt werden (siehe Abbildung 3). Andere Layouts werden nicht ange-
boten.

Leicht anpassbar ist der Zeitraum, den die Kennzahlen darstellen sollen. Dank der
einfach zu bedienenden Oberfläche kann man schnell einstellen, welchen Zeitraum
man betrachten möchte. Des Weiteren kann auch ein Vergleichszeitraum festlegt
werden, der die jeweiligen Widgets so erweitert, dass zwei Zeiträume miteinander
verglichen werden können. In der folgenden Abbildung ist die erste Grafik ein posi-
tives Beispiel für die Hinzunahme eines Vergleichszeitraums. Hier können die Entwicklungen des Umsatzes über zwei Wochen direkt miteinander verglichen werden.
In der zweiten Grafik wird ein Verlaufsdiagramm mit ursprünglich zwei Linien um
den zweiten Zeitraum erweitert. Eine korrekte Zuordnung der einzelnen Linien fällt
hier schon deutlich schwerer.

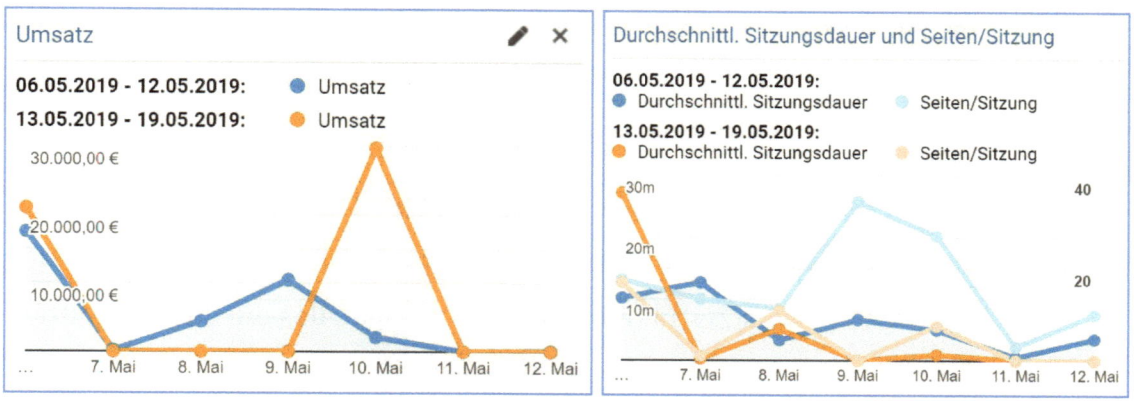

Abbildung 3: Umsatz (links) und Sitzungsdiagramm (rechts) mit Vergleichszeitraum

Die Darstellung eines Vergleichszeitraums zieht häufig eine Verschlechterung der
Übersichtlichkeit mit sich. Die IBCS raten, Liniendiagramme mit maximal drei Linien
zu verwenden (Hichert und Faisst 2017, S. 29). Dies kann bei Vergleichszeiträumen
jedoch nur eingehalten werden, wenn nur eine Datenreihe visualisiert wird.
Nachdem in einem Dashboard immer eine hohe Informationsdichte erstrebenswert
ist und so häufig auch mehr als eine Kennzahl in einem Widget dargestellt wird,
sollte eine Gegenüberstellung von Zeiträumen für Dashboards nur in
Ausnahmefällen verwendet werden. Auffällig ist auch, dass die Darstellung der Linie
des Vergleichszeitraums fälschlicherweise direkt in den gleichen Zeitraum gesetzt

wird. Hier müssten sich die Werte der horizontalen Achse anpassen. Betrachtet man nur das Diagramm, werden so die Daten falsch dargestellt.

Die letzte Anpassung, die man in einem bestehenden Dashboard machen kann, ist die Segmentierung der Nutzer. Standardmäßig werden alle Nutzer angezeigt, Segmente wie z.B. „Neue Nutzer", „Nutzer mit Conversion", „Sitzungen mit Absprung", „Zugriffe über Tablets", u.v.m. können hier ebenfalls ausgewählt werden. Die Daten werden daraufhin auf das entsprechende Segment gefiltert.

Abbildung 4: Segmentierung der Dashboards

Auch hier besteht die Möglichkeit, mehrere Segmente miteinander zu vergleichen. Maximal drei Segmente sind dabei möglich, allerdings ist davon unbedingt abzuraten. Wie bei den Vergleichzeiträumen kann die Darstellung von drei Segmenten schnell unübersichtlich werden.

Ein besonders schwer zu analysierendes Dashboard wäre, wenn ein Zeiträume und Segmenten parallel miteinander verglichen werden. Die folgende Abbildung zeigt drei Segmente auf zwei Zeiträumen in einem Widget, das die durchschnittliche Sitzungsdauer der Seiten pro Sitzung gegenüberstellt.

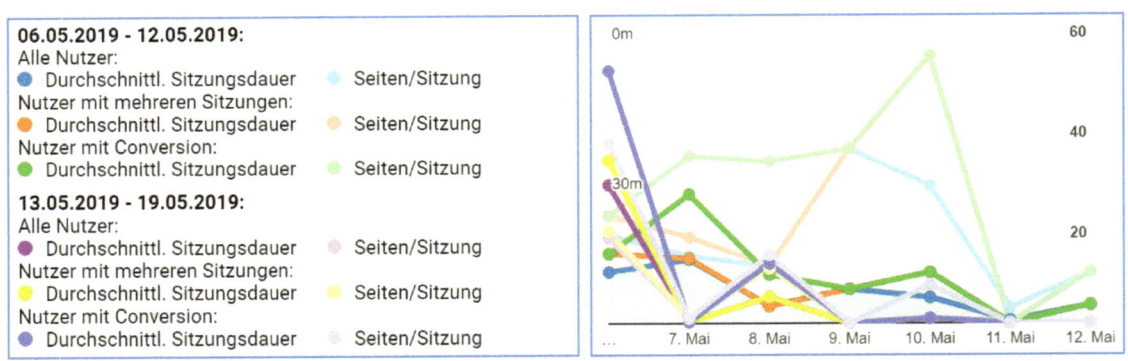

Abbildung 5: Negativbeispiel für parallele Verwendung von Segmentierung und Vergleichszeitraum

Ein Informationsgewinn ist aus diesem Diagramm, einem sog. „Spaghetti-Chart", fast nicht mehr möglich. Aus den oben erläuterten Gründen sollte daher für Liniendiagramme generell auf den Vergleich von unterschiedlichen Zeiträumen oder

Segmenten verzichtet werden. Ein Vergleich innerhalb eines Liniendiagramms kann, wie das erste Diagramm in Abbildung 4 zeigt, durchaus hilfreich sein. Auch in Balkendiagrammen gibt es übersichtliche Darstellungsmöglichkeiten von Vergleichszeiträumen und -segmenten, da diese schraffiert eingefügt werden können (ein geeignetes Beispiel hierfür befindet sich in Kapitel 3.2.7). Es muss allerdings darauf geachtet werden, dass nur eine Gruppierung eingestellt wird und nicht bereits zwei Segmente betrachtet werden. In allen anderen Diagrammtypen werden Vergleichszeiträume und -segmente durch Hinzunahme eines zusätzlichen Diagramms dargestellt. Hierdurch wird das Dashboard allerdings länger und schwerer verständlich. Ist es für den Anwender wichtig, Segmente oder Zeiträume miteinander zu vergleichen, sollte ein zusätzliches Dashboard für den Vergleich angelegt werden. Dabei sollte von Anfang an berücksichtigt werden, welche Widgets und in welcher Form diese verwendet werden sollen, damit auch ein Vergleichszeitraum oder ein zweites Segment die Aussagekraft der Darstellung nicht gefährden.

Zuletzt kann man bei jedem Widget einen Link hinterlegen, der zu einem detaillierten vorgefertigten Bericht von Google Analytics führt. Dies kann sehr hilfreich sein, wenn man bspw. einen tieferen Einblick in eine Kennzahl erhalten möchte. Man muss dann lediglich auf das Widget selbst klicken, um zu dem entsprechenden Bericht weitergeleitet zu werden. Widgets, bei denen ein Link hinterlegt wurde, haben eine blaue statt einer schwarzen Überschrift.

3.2.2 Messwert

Als erste Widget-Darstellung wird der Messwert in dieser Arbeit betrachtet. Die Messwertanzeige stellt den Durchschnitt oder Gesamtwert für die Kennzahl über den angegebenen Zeitraum als einfache Zahl dar und beinhaltet am rechten, unteren Rand zusätzlich die Werte der Kennzahl im Zeitverlauf, damit die Entwicklung der Kennzahl besser eingeordnet werden kann.

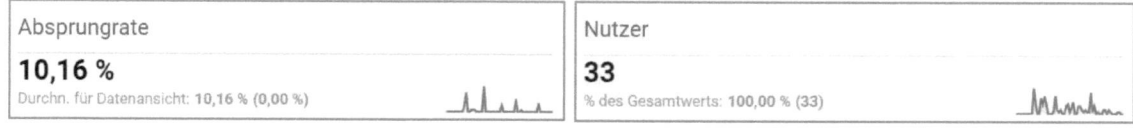

Abbildung 6: Messwertdarstellungen der E-Commerce Konversionsrate und Gesamtanzahl der Nutzer für die eingestellte Zeitspanne

Die IBCS-Notationsstandards schlagen als geeignete Diagrammtypen Balken- und Liniendiagramme, sowie Tabellen vor (Hichert und Faisst 2017, S. 20). Reine Messwerte ohne Zusammenhang sollten nach Möglichkeit vermieden werden, da die Kennzahl nicht in den zugehörigen Kontext gestellt werden kann. Obwohl der Messwert in Google Analytics durch einen angedeuteten Zeitverlauf ergänzt wird, ist die Kennzahl weiterhin alleinstehend und besitzt daher wenig Aussagekraft. Eine verbesserte Darstellung der Messwerte ist bspw. in dem von Google standardmäßig bereitgestellten E-Commerce Bericht möglich. Hier sind die einzelnen Werte für die Kennzahlen nur die Ergänzung zu dem oberen Diagramm, weshalb die Messwerte besser in den entsprechenden Kontext gestellt werden können (siehe Abbildung 8).

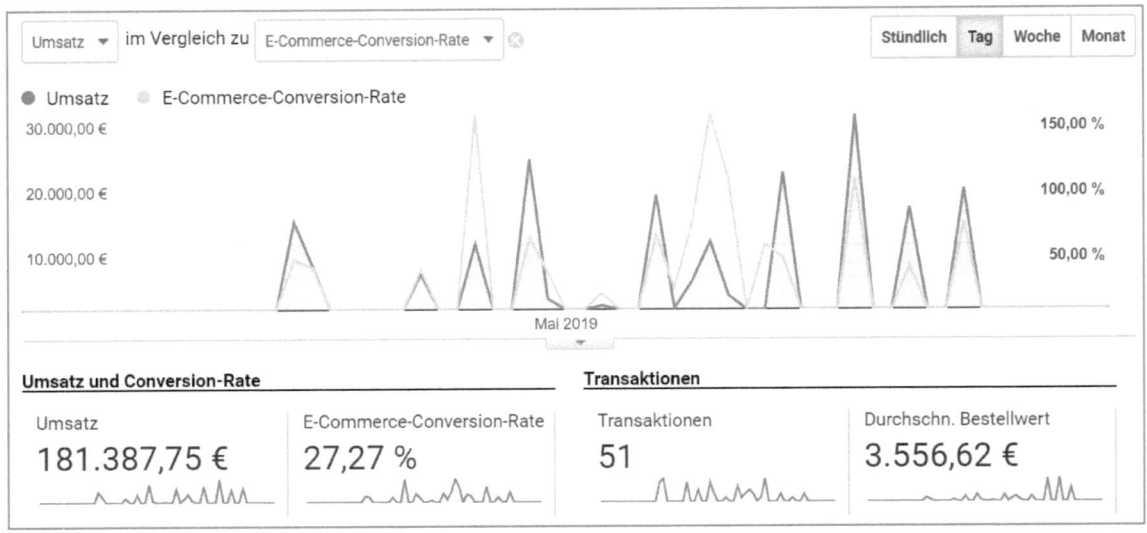

Abbildung 7: Vorgefertigter E-Commerce Bericht Google Analytics

Eine derartige Anordnung der Widgets kann in personalisierten Dashboards jedoch nicht umgesetzt werden. Messwerte stehen meist alleine und können nicht, wie in der obigen Abbildung, ein Diagramm durch genaue Werte sinnvoll ergänzen. Da ein Dashboard durch zwölf Widgets limitiert ist, sollten diese für aussagekräftigere Darstellungen verwendet werden.

3.2.3 Verlauf

In der zweiten Darstellungsform werden die Daten einer Kennzahl in einem Verlaufsdiagramm dargestellt. Liniendiagramme werden meist für zeitliche Entwicklungen mit einer hohen Anzahl an Datenpunkten verwendet. Auch kann man im Vergleich zu Balkendiagrammen besser mehrere Datensätze miteinander vergleichen.

Linien erwecken jedoch schnell den Eindruck, kontinuierliche Daten zu repräsentieren. Da dies bei Geschäftsdaten so gut wie nie der Fall ist, raten die IBCS, Liniendiagramme nicht zu verwenden, wenn nur wenige Daten in einem Zeitverlauf existieren. (Hichert und Faisst 2017, S. 29)

Innerhalb Google Analytics erweist sich die Darstellung von Kennzahlen im Zeitverlauf zunächst als sehr einfach und übersichtlich. Man wählt die darzustellende Kennzahl aus und hat weiterhin die Möglichkeit, einen Vergleichsmesswert hinzuzufügen, oder die Daten bspw. nach Alter, Sprache oder anderen Dimensionen zu filtern. Genaue Werte werden im Diagramm selbst nur auf der Skala oder je nach Stellung des Cursors angegeben. Abbildung 9 zeigt im linken Diagramm den Verlauf der E-Commerce Konversionsrate mit dem Cursor auf dem Datenpunkt des 8. Mai. Im rechten Diagramm wird der Umsatz mit den Seiten pro Sitzung verglichen. Hier kann man bspw. erkennen, dass Umsatz und Anzahl an Seiten pro Sitzung nicht direkt miteinander korrelieren.

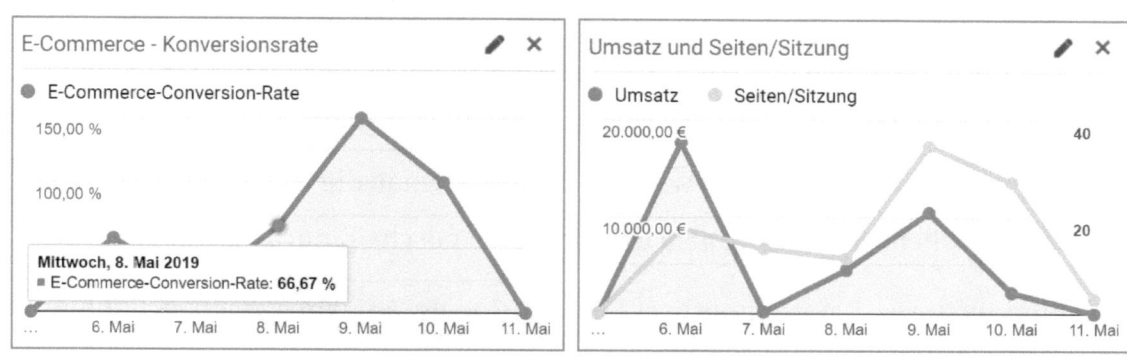

Abbildung 8: Verlaufsdiagramm für die E-Commerce Konversionsrate (links) und Umsatz im Vergleich zu Seiten pro Sitzung (rechts)

Die erste Darstellungsproblematik in den Verlaufsdiagrammen von Google Analytics zeigt sich im folgenden Beispiel (Abbildung 10): Betrachtet man den Verlauf von Nutzern (insgesamt) und neuen Nutzern, lässt ein unkritischer Blick auf das Diagramm den irrtümlichen Schluss zu, dass am 13. Mai mehr neue Nutzer als „insgesamte" Nutzer die Webseite besucht haben. Beim rechten Diagramm zeigt sich ein ähnliches Bild. Aufgrund der beiden auch hier unterschiedlich skalierten vertikalen Achsen, sieht es so aus, als ob der Gesamtumsatz des 9. Mai dem Umsatz des 13. Mai entspricht, was auch hier nicht der Fall ist. Dass hier unterschiedliche

Skalierungen für zwei übereinandergelagerte Liniendiagramme verwendet wurden, erschließt sich dem Betrachter erst beim genaueren Hinsehen.

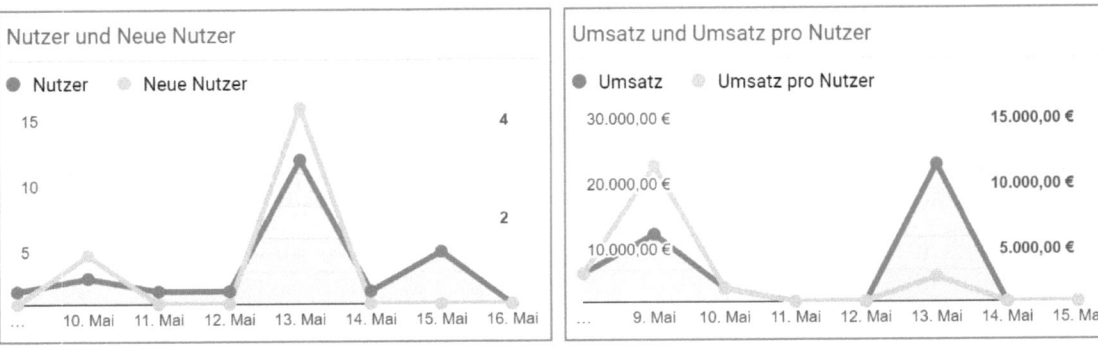

Abbildung 9: Skalierung gleicher Einheiten im Diagramm Nutzer und Neue Nutzer (links) und Umsatz und Umsatz pro Nutzer (rechts)

Die IBCS raten deshalb darauf zu achten, bei Diagrammen eine einheitliche Skalierung zu verwenden (Hichert und Faisst 2017, S. 92). Eine Anpassung der Skalierung kann in Google Analytics allerdings nicht vorgenommen werden. Da ein Vergleich des Zeitverlaufs von unterschiedlichen Kennzahlen oft hilfreich ist, sollte jedoch nicht grundsätzlich auf Vergleichsmesswerte verzichtet werden. Es sollte aber darauf geachtet werden, dass in einem Liniendiagramm Kennzahlen mit unterschiedlichen Einheiten verglichen werden. So umgeht man die Problematik, dass durch unterschiedliche Skalierung gleicher Einheiten falsche Eindrücke entstehen.

Eine weiteres Darstellungsproblem bei Google Analytics zeigt die Abbildung 11: Sobald ein Wert über die gesamte Zeitspanne des Verlaufsdiagramms auf null bleibt, wird die Skalierung automatisch so angepasst, dass sich die Nulllinie nach oben zur Mitte verschiebt. Man könnte auf diesem Diagramm fälschlicherweise ablesen, dass der Wert des Umsatzes nicht bei null liegt, sondern konstant geblieben ist, da sie sich auf gleicher Höhe wie die Acht (Anzahl der Nutzer) befindet.

Generell wird für Liniendiagramme mit mehr als einer Datenreihe empfohlen, eine Linienmarkierung in Form einer Legende an das rechte Ende der Linie hinzuzufügen (Hichert und Faisst 2017, S. 108). Eine Differenzierung der

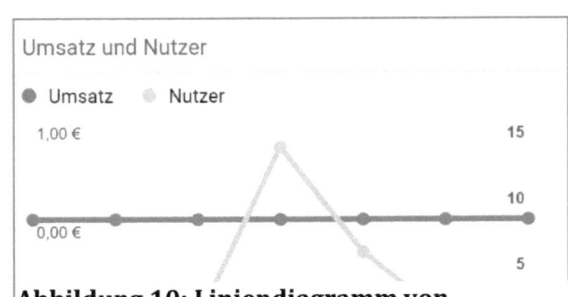

Abbildung 10: Liniendiagramm von Umsatz und Nutzern

Datenreihen über unterschiedliche Farben oder Linienstärken wird ebenfalls unterstützt (Hichert und Faisst 2017, S. 108). In Google Analytics sind aber Linienstärke sowie Linienmarkierungen generell nicht einzustellen, weshalb eine Unterscheidung hierüber nicht möglich ist. Farben werden, wie bereits oben erwähnt, von dem Tool selbst gewählt. Für Verlaufsdiagramme wird zunächst das standardisierte Google Analytics Blau gewählt, wie bei allen anderen Widgets. Als Farbe für die Vergleichskennzahl wird ein helleres Blau verwendet. Andere Farben werden nur dann hinzugefügt, wenn weitere Zeiträume, Segmente oder Kategorien hinzukommen.

3.2.4 Landkarte

Falls man Kennzeichen regional betrachten möchte, ist eine Landkartenansicht oft hilfreich. Google Analytics hebt hier die einzelnen Länder farblich hervor und zeigt zusätzlich mit Hilfe verschiedener Farbtöne die Dichte der Kennzahl an (siehe Abbildung 12, links). In diesem Beispiel werden die weltweiten Seitenaufrufe pro Land dargestellt. Durch Bewegen des Cursors kann hier die genaue Anzahl jedes Landes angezeigt werden. In dieser Darstellung fällt schnell auf, dass zum einen klare Abstufungen der Seitenaufrufe zwischen den Ländern und zum anderen die Länder selbst nur schwer identifizierbar sind.

Abbildung 11: Seitenaufrufe nach Ländern (links) Seitenaufrufe und Umsatz nach Land (rechts)

Wählt man hingegen für die Darstellung eine Tabelle, bekommt man nicht nur zusätzliche Informationen durch die Möglichkeit, eine weitere Spalte hinzuzufügen, man erkennt auch schneller, wie die Aufteilung der Seitenaufrufe genau ist und kann die einzelnen Zahlen auf einen Blick vergleichen.

Die IBCS-Notationsstandards besagen, dass verschiedene Farbtöne generell nicht hilfreich für die Darstellung von Verteilungen in Karten ist, wie die folgende Abbildung zeigt (Hichert und Faisst 2017, S. 92).

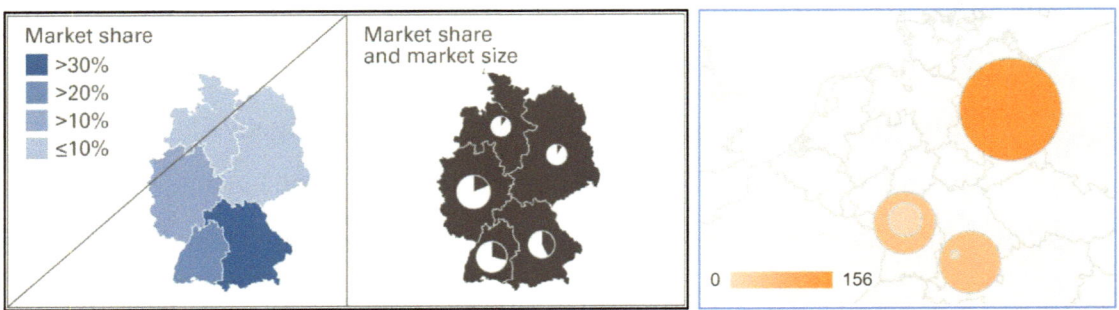

Abbildung 12: Irreführende Farbgebung in Landkarten (Hichert und Faisst 2017, S. 92) (links) und die Möglichkeit innerhalb Google Analytics (rechts)

Es wird vorgeschlagen, anstatt der Farbtöne Säulen und Balken mit gleicher Einheit oder Kreisdiagramme zu verwenden. Kreisdiagramme sollten zwar laut IBCS allgemein vermieden werden, können durch die genaue Positionierung aber die prozentualen Werte für einzelne Städte repräsentieren, wie das erste Beispiel aus Abbildung 13 zeigt. (Hichert und Faisst 2017, S. 92)

Allerdings sind auch hier die Möglichkeiten innerhalb Google Analytics sehr beschränkt. Landkarten zeigen für Kontinente, Subkontinente, Länder und Regionen immer eine Differenzierung mittels Farbnuancen/Farbtöne, wie das erste Beispiel in Abbildung 12 zeigt. Wählt man als Messwert Städte aus, wird die Anzahl mit Kreisen dargestellt (Abbildung 13, rechts). Die Unterscheidung erfolgt hier durch Größe und Farbton der einzelnen Kreise. Die Darstellung kommt zwar der von den IBCS vorgeschlagenen näher, ist jedoch aufgrund der Überlagerung der einzelnen Kreise, vor allem wenn sie zu groß werden, ebenfalls keine optimale Darstellungsweise.

In der folgenden Abbildung werden jeweils die Seitenaufrufe einer Webseite aus den verschiedenen Ländern der Welt abgebildet. Abgesehen davon, dass die Darstellung über Farbtöne in Landkarten vermieden werden sollte, kann es durch diese Art der Darstellung sogar zu falschen Eindrücken innerhalb von Google Analytics kommen.

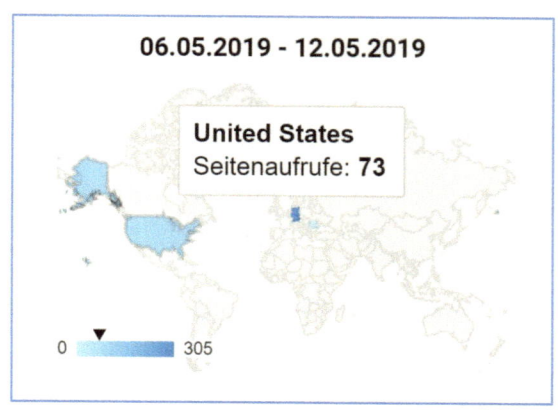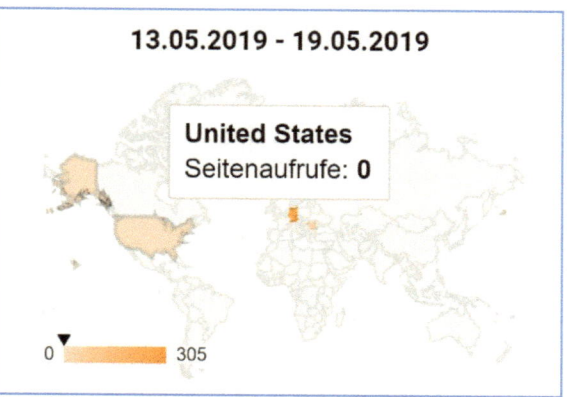

Abbildung 13: Zeitraumvergleich bei Landkarten

Die linke Karte zeigt die weltweiten Seitenaufrufe für die KW19. Mit Einstellen eines Vergleichszeitraums, kommt die rechte Karte für die darauffolgende Woche hinzu. Nachdem im ersten Zeitraum insgesamt 73 Seitenaufrufe in den USA gezählt wurden, sank die Anzahl an Seitenaufrufen in der darauffolgenden Woche auf null. Allerdings wird sie, obwohl sie null zählt, in der zweiten Karte weiterhin orange hinterlegt. Auch die Skalierung wird für einen Vergleichszeitraum nicht angepasst. So entsteht eine Karte, die zwar die korrekten Daten angibt, wenn man mit dem Cursor über die jeweiligen Länder fährt, bei der die Farben jedoch nicht korrekt angepasst werden.

Auch zeigt sich in diesem Beispiel deutlich, dass kaum bis gar nicht erkannt werden kann, in welchem Verhältnis die jeweiligen Länder zueinander stehen. Man kann zwar erkennen, dass Deutschland die meisten Seitenaufrufe, die USA die zweitmeisten und Rumänien die wenigsten hatte, wie viele es jeweils genau waren, kann man jedoch nicht einmal annähernd abschätzen. Daher sollte eine farbliche Darstellung der Verteilungen nur in Ausnahmefällen verwendet werden.

Falls eine Verwendung von Landkarten explizit gefordert ist, sollte zusätzlich darauf geachtet werden, dass man die richtige Kombination von Landkarte und Regionen für die Messwerte wählt. In Abbildung 14 ist es nicht mehr möglich zu erkennen, welches europäische Land genau gemeint ist. Sollte man den Bericht dann in PDF-Form bekommen, und damit nicht die Möglichkeit haben, mittels Cursor die genauen Werte eines Landes herauszufinden, ist ein Informationsgewinn fast unmöglich. Daher sollte in diesem Fall nur ein Kontinent oder Subkontinent als

Landkartenregion ausgewählt werden. Umgekehrt könnte man als Messwerte nur Subkontinente oder Kontinente angeben und miteinander vergleichen, wenn man eine Weltkarte beibehalten möchte.

3.2.5 Tabelle

Tabellen werden verwendet, um Daten herauszusuchen und sollten daher eine möglichst hohe Informationsdichte besitzen. Sie werden in der Regel nicht dafür verwendet, Botschaften zu vermitteln oder besonders hervorzuheben. Die IBCS machen weiterhin sehr genaue Angaben zu Breiten und Höhen von Spalten und Zeilen, sowie vielen anderen Abständen. (Hichert und Faisst 2017, S. 20)

In Google Analytics können Kennzahlen für bestimmte Kategorien auch in Tabellen abgebildet werden. Pro Tabelle sind hier in den personalisierten Dashboards jedoch nur maximal drei Spalten möglich, weshalb das Maximum an Spalten in der folgenden Abbildung 15 bereits erreicht ist. Die Zeilenanzahl kann eingeschränkt werden, beträgt allerdings maximal zehn. Weiterhin hat man die Möglichkeit, zu entscheiden, ob nach der ersten oder zweiten Spalte auf- bzw. absteigend sortiert werden soll. Im angegebenen Beispiel wurde das Produkt mit dem höchsten Umsatz über die eingestellte Zeitspanne oben aufgelistet. Eine Sortierung nach Menge ist hier nicht möglich. Zuletzt kann man die anzuzeigenden Daten noch filtern. So kann man beispielsweise nur Produkte anzeigen lassen, die in einer bestimmten Produktkategorie enthalten sind, oder man kann länderspezifisch bspw. die zehn meistgekauften Produkte herausfiltern.

Produktumsatz und Menge nach Produkt		
Produkt	**Produktumsatz**	**Menge**
CP steel cabinet, fire-resistant - 4 adjustable shelves - light gray	13.335,90 €	10
Topstar operator swivel chair, can carry up to 150 kg - point synchronous mechanism, sliding seat, headrests - black	13.140,38 €	22
Schomburg standing desk - HxWxD 1094 x 600 x 500 mm, beech	2.869,92 €	36
HSM SECURIO document shredder - for large offices, 145 l, 1800 watts - stripes, 31 – 33 sheets	2.825,76 €	2

Abbildung 14: Tabellendarstellung der Kategorie „Produkt"

In den vorgefertigten Berichten Google Analytics sind weitaus größere Tabellen mit mehr Information vorhanden. Betrachtet man Abbildung 16, sieht man hier einen Ausschnitt der Tabelle für Verkaufsleistung der Produkte.

| Produkt ? | Verkaufsleistung | | | | |
	Produktumsatz ? ↓	Einzelne Käufe ?	Menge ?	Durchschn. Preis ?	Durchschnittsmenge ?
	47.069,76 € % des Gesamtwerts: 100,00 % (47.069,76 €)	60 % des Gesamtwerts: 100,00 % (60)	475 % des Gesamtwerts: 100,00 % (475)	99,09 € Durchn. für Datenansicht: 99,09 € (0,00 %)	7,92 Durchn. für Datenansicht: 7,92 (0,00 %)
1. CP steel cabinet, fire-resistant - 4 adjustable shelves - light gray	13.335,90 € (28,33 %)	2 (3,33 %)	10 (2,11 %)	1.333,59 €	5,00
2. Topstar operator swivel chair, can carry up to 150 kg - point synchronous mechanism, sliding seat, headrests - black	13.140,38 € (27,92 %)	4 (6,67 %)	22 (4,63 %)	597,29 €	5,50
3. Schomburg standing desk - HxWxD 1094 x 600 x 500 mm, beech	2.869,92 € (6,10 %)	4 (6,67 %)	36 (7,58 %)	79,72 €	9,00
4. HSM SECURIO document shredder - for large offices, 145 l, 1800 watts - stripes, 31 – 33 sheets	2.825,76 € (6,00 %)	2 (3,33 %)	2 (0,42 %)	1.412,88 €	1,00

Abbildung 15: Vorgefertigter E-Commerce Bericht zu Produktleistung

Der Pfeil neben „Produktumsatz" zeigt an, dass danach die Sortierung der Tabelle erfolgt. In dieser Tabelle ist es weiterhin möglich, eine sekundäre Dimension einzufügen, wie z.B. die, mit welchem Gerät die Mehrheit der Benutzer das entsprechende Produkt gekauft hat. Auch kann man eine prozentuale Aufteilung mittels Kreisdiagrammen, eine Leistungsübersicht, bzw. einen Produktvergleich mit Hilfe von Balken, oder eine Pivot-Tabelle der Produkte anzeigen lassen.

Diese Möglichkeiten hat man innerhalb der personalisierten Dashboards nicht. Man sollte daher besonders für Tabellen einen Link im Widget hinterlegen, der auf einen entsprechenden vorgefertigten Bericht verweist.

3.2.6 Kreisdiagramm

Kreisdiagramme eignen sich für die Darstellung von Anteilen eines Segments. In Google Analytics hat man die Möglichkeit, Kreisdiagramme mit insgesamt bis zu sechs Kreissektoren einzufügen. Es kann gewählt werden, welche Kennzahl nach welcher Dimension gruppiert werden soll. Dies kann man als Kreis- oder Ringdiagramm darstellen und falls nötig die Daten noch filtern. Auch hier werden durch

Position des Cursors die entsprechenden Werte detaillierter angezeigt. Im ersten Beispiel aus Abbildung 17 werden die gesamten Nutzer in Anteile der neuen Nutzer und wiederkehrenden Nutzer aufgeteilt.

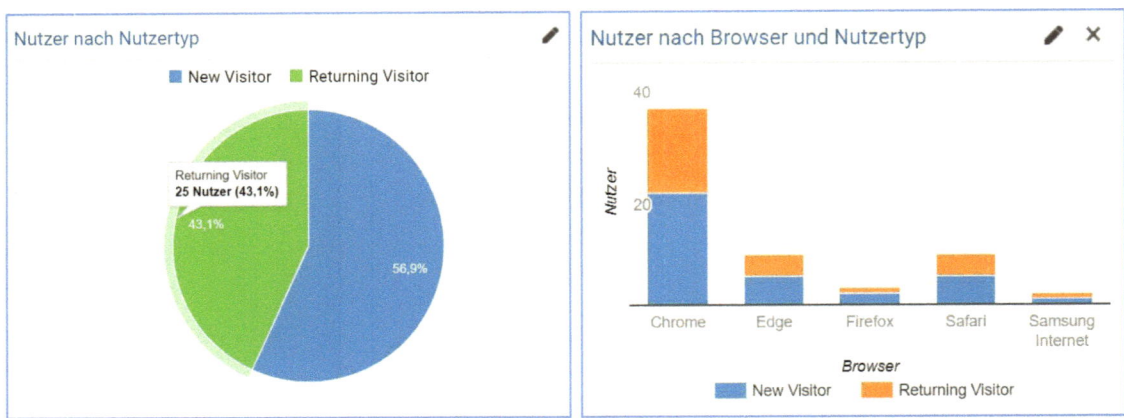

Abbildung 16: Kreisdiagrammdarstellung für Nutzer nach Nutzergruppen (links) und verbesserte Darstellung über gestapeltes Säulendiagramm (rechts)

IBCS rät von Kreisdiagrammen jedoch ab, da sie nur eindimensionale Daten darstellen können. Hier werden stattdessen Balkendiagramme oder gestapelte Säulendiagramme empfohlen. Eine verbesserte Darstellung wird im rechten Beispiel der Abbildung 17 aufgezeigt. Hier kann man weiterhin die Anteile von wiederkehrenden und neuen Nutzern erkennen, die Gesamtzahl an Nutzern ist jedoch deutlich leichter abzulesen. Außerdem besteht die Möglichkeit, eine weitere Dimension hinzuzufügen, in diesem Fall, mit welchem Browser die entsprechenden Nutzer auf die Webseite zugegriffen haben. Der einzige Fall, in dem Kreisdiagramme von den IBCS als hilfreich eingestuft werden, sind die bereits aufgezeigten Landkarten, da hier eine genauere Positionierung der einzelnen Kreise möglich ist. (Hichert und Faisst 2017, S. 59)

3.2.7 Balkendiagramm

Die in Google Analytics benannten Balkendiagramme stehen sowohl für Säulen-, als auch für Balkendiagramme. Sie gehören zu den wichtigsten Diagrammformen im Bereich der Visualisierung von Geschäftsinformation (Hichert und Faisst 2017, S. 20).

In Google Analytics ist das Anlegen von Säulen- und Balkendiagrammen sehr einfach und übersichtlich. Generell können in dem Tool maximal neun Säulen oder Balken angezeigt werden. Pflichtfeld ist zum einen das Element, das dargestellt werden soll (z.B. Umsatz) und zum anderen die Art der Gruppierung (z.B. Woche, Region). Zudem hat man die Möglichkeit, eine zweite Dimension für eine sog. Pivot-Tabelle hinzuzufügen und die Daten, wie in den anderen Widgets auch, nach verschiedenen Dimensionen zu filtern. Im nächsten Schritt lässt sich mit Hilfe von Checkboxen auswählen, ob Titel und Werte der horizontalen und vertikalen Achsen angezeigt oder verborgen werden sollen. Von IBCS wird hier geraten, die Achsenbeschriftung bei Diagrammen mit nur einer Datenreihe in die Überschrift zu übernehmen (Hichert und Faisst 2017, S. 31). Die Achsenwerte selber sollten jedoch unbedingt angezeigt werden, da es sonst nicht möglich ist, die einzelnen Werte jedem Balken einzeln zuzuordnen. Nimmt man die Werte der Achse also heraus, kann nur noch mittels Cursorstellung der Wert eines Balkens bestimmt werden. Weiterhin kann ebenfalls mithilfe einer Checkbox entschieden werden, ob die Serienelemente Pivotierung, Segmentierung und Datumsvergleich gestapelt werden sollen oder nicht. Zuletzt hat man noch die Möglichkeit anzugeben, ob bzw. welche Gitternetzlinien angezeigt werden sollen. Hierbei besagen die IBCS-Notationsstandards jedoch, dass Gitternetzlinien aus Diagrammen entfernt und durch Beschriftungen ersetzt werden sollen, außer bei kleinen Diagrammen oder Diagrammen mit vielen Datenpunkten (Hichert und Faisst 2017, S. 69). Auch wenn die Möglichkeit besteht, die Gitternetzlinien aus den Diagrammen zu entfernen, sollte man hier vorsichtig sein, da in Google Analytics keine Werte an die Balkenenden angefügt werden können.

Die folgende Abbildung 18 stellt den direkten Unterschied zwischen der Darstellung mit und ohne Gitternetzlinien dar. Im ersten Beispiel wurden bei der Erstellung des Säulendiagramms so weit wie möglich die IBCS-Notationsstandards eingehalten. Nicht umsetzbar ist vor allem das von IBCS empfohlene Einfügen der jeweiligen Werte für alle Säulen. Betrachtet man das linke Säulendiagramm (ohne Gitterlinien), zeigt sich, wie schwierig das Ablesen der einzelnen Säulen ist. Erst im rechten Diagramm lässt sich die Höhe der ersten Säule mithilfe der Gitterlinie auf genau 250 festlegen.

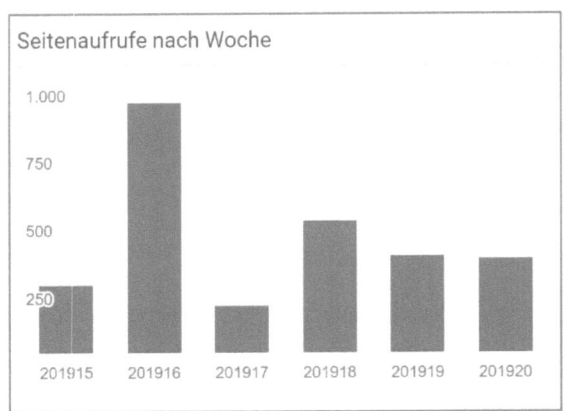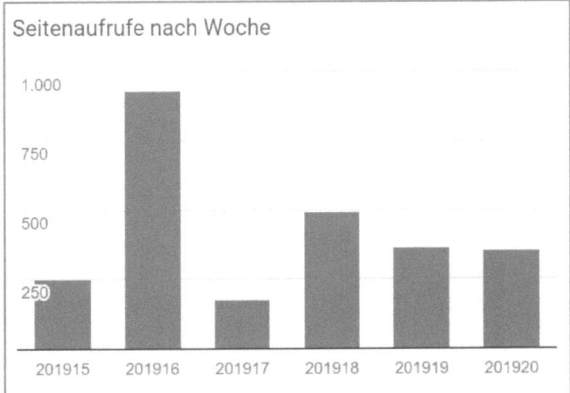

Abbildung 17: Seitenaufrufe nach Wochen ohne Gitternetzlinien (links) und mit Gitternetzlinien (rechts)

Auch für die folgenden Säulen machen es Linien einfacher zu erkennen, welchen genauen Wert die Säule anzeigt. Exakte Werte können jedoch auch in dieser Diagrammform nur mithilfe des Cursors auf der Webseite herausgefunden werden und nicht wie von IBCS gefordert an jedem Balken direkt angefügt werden. Um die Werte besser erkennbar zu machen, werden Gitternetzlinien in dieser Arbeit beibehalten.

Google Analytics hat keine einheitliche Darstellung von bspw. Vergleichszeiträumen. Wenn nur eine Datenreihe abgebildet wird und daher auch nur eine Farbe (Blau) verwendet wird, werden weitere Farben (hier Orange) hinzugezogen, wie im ersten Beispiel aus Abbildung 19 zu sehen. Wurde bereits eine farbliche Unterscheidung gemacht, werden die Säulen oder Balken des Vergleichszeitraums, wie im zweiten Beispiel, schraffiert dargestellt. IBCS steht ganz klar für eine durchgängige und klare Verwendung von Farben und Mustern. Wie anfangs schon beschrieben kann in Google Analytics farblich nichts verändert werden. Das Beispiel zeigt nicht nur, dass die Farbwahl nicht nach IBCS-Notationsstandards umgesetzt werden kann, sondern eine konsistente Farbwahl für bspw. Vergleichszeiträume oder Segmentierungen über ein Dashboard hinweg ebenfalls nicht berücksichtigt wird.

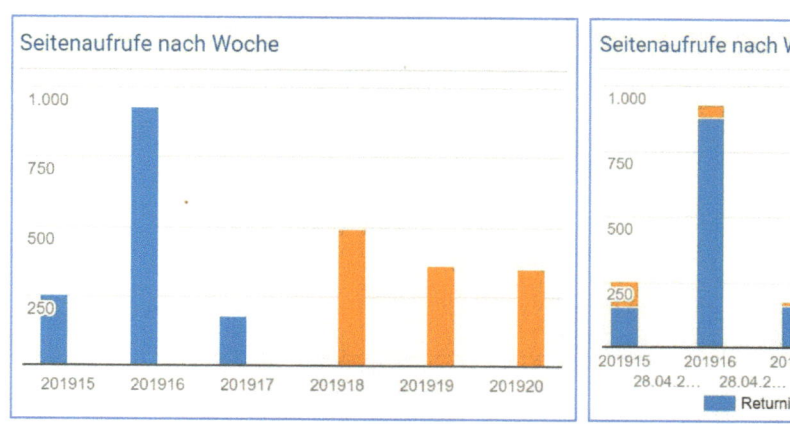

Abbildung 18: Seitenaufrufe nach Wochen mit Vergleichszeitraum von KW 15 bis 17 und KW 18 bis 20 (links) Seitenaufrufe nach Wochen und Nutzertyp im gleichen Vergleichszeitraum (rechts)

Säulen- und Balkendiagramme sind in Google Analytics in einem Widget gemeinsam implementiert. Nur über eine Checkbox wird festgelegt, ob die Datenreihe als Säulen- oder Balkendiagramm dargestellt wird. Funktionell gibt es daher keine Unterschiede zwischen den beiden Diagrammformen. Die IBCS unterscheiden zwischen den beiden Diagrammformen jedoch sehr grundlegend. Während Säulendiagramme zeitliche Entwicklungen darstellen und daher eine horizontale Zeitachse besitzen, werden Balkendiagramme für strukturelle Beziehungen verwendet und haben eine vertikale Kategorienachse. Im Folgenden werden daher zunächst Säulen- und danach Balkendiagramme besprochen.

3.2.7.1 Säulendiagramm

Google Analytics wählt die angezeigten Säulen immer nach Höhe ihres Wertes aus. Existiert für eine Woche kein Umsatz, wird diese Säule nicht angezeigt, auch wenn das Maximum von neun Säulen nicht erreicht wurde. Daher kann man nicht davon ausgehen, dass Daten im Zeitverlauf immer konsistent angezeigt werden. Betrachtet man bspw. Abbildung 20, geht man davon aus, dass der Umsatz über die Zeit gestiegen, dann leicht zurückgegangen und schließlich wieder gestiegen ist. Erst wenn man sehr genau hinsieht, erkennt man, dass für KW 22 und KW 23 kein Umsatz erfolgte. Nachdem der Zeitsprung jedoch nur bei näherer Betrachtung erkennbar ist, zeigt das Diagramm nicht die Problematik des Umsatzeinbruchs in den beiden Wochen auf, weshalb der Anwender die Problematik im schlimmsten Fall übersehen könnte. Verlaufsdiagramme eignen sich daher in diesem Fall eher, da immer die gesamte Zeitspanne mit allen Werten inklusive Null dargestellt wird.

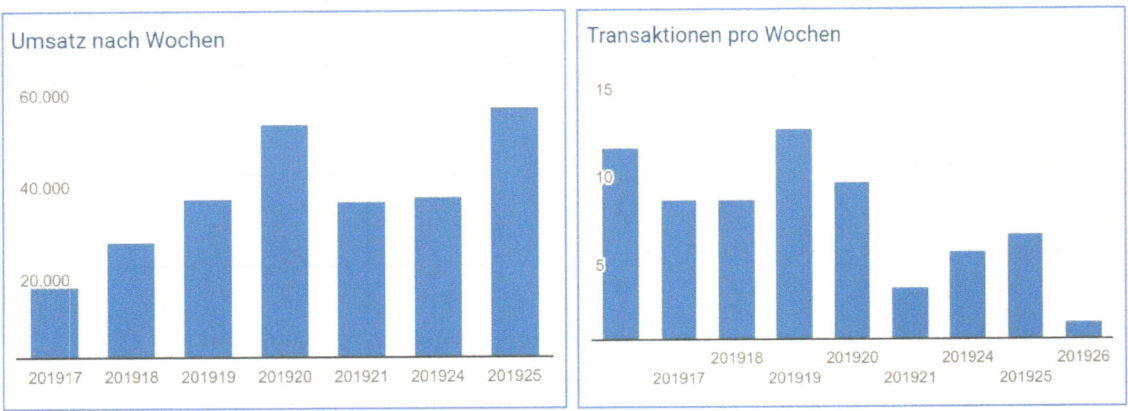

Abbildung 19: Umsatz nach Wochen (links) Seitenaufrufe nach Wochen (rechts)

Das zweite Beispiel der Abbildung 20 zeigt, wie ein Diagramm mit dem Maximum an neun Säulen in Google Analytics dargestellt wird. Auffällig hier ist besonders, dass die Beschriftung der ersten Säule nicht mehr angezeigt wird. Wenn nun, wie im ersten Beispiel aufgezeigt, ein Zeitsprung entsteht, da in KW 15 keine Seitenaufrufe dokumentiert werden konnten, würde man das hier auch bei genauerem Hinsehen nicht herauslesen können. Erst wenn man den Cursor auf die Säule legt, kann die genaue Woche erkannt werden. Hier gibt es keine Möglichkeit, eine verbesserte Darstellung in Google Analytics zu erzielen, weshalb man dies bei der Interpretation von Säulendiagrammen stets berücksichtigen sollte.

In der folgenden Abbildung stellen die Diagramme den Umsatz nach Woche jeweils aufgeschlüsselt nach Stadt mit Hilfe von Säulendiagrammen dar.

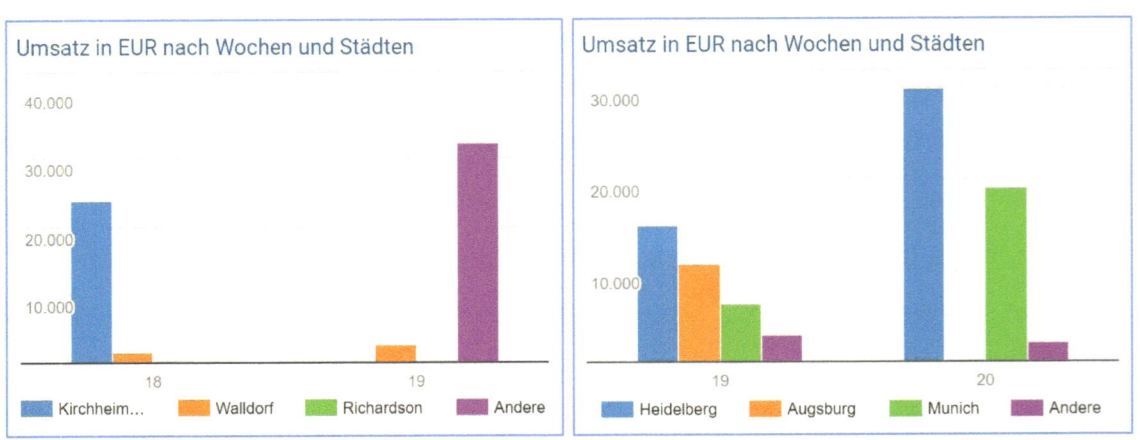

Abbildung 20: Umsatz nach Woche und Stadt für zwei Kalenderwochen

Beide Beispiele zeigen die Daten für die Kalenderwoche 19 (KW19). Das erste Beispiel zeigt zusätzlich die vorherige Woche (KW18) und das zweite Beispiel die darauffolgende Woche (KW20). Ansonsten wurden keine Änderungen gemacht. Die Auswahl, welche Städte als Säulen dargestellt werden, trifft Google Analytics dabei selbst. Auffällig ist hier, dass das erste Diagramm die Städte Walldorf und Richardson enthält, obwohl Richardson in diesem Zeitraum fast keinen Umsatz gemacht hat. Städte, die einen deutlich höheren Umsatz in KW19 gemacht haben, wie Beispiel zwei detaillierter aufzeigt, werden im ersten Beispiel zu „Andere" zusammengefasst. Google Analytics wählt die Städte danach aus, wer in der ersten Gruppierung (hier KW18) Daten beinhaltet. Da Heidelberg, Augsburg und München keinen Umsatz in KW18 gemacht haben, werden sie im ersten Beispiel in KW19 unter „Andere" zusammengefasst. Hier wäre es sinnvoll, die Städte anzuzeigen, die über den gesamten eingestellten Zeitraum die meisten Daten generiert haben, und nicht nur in der ersten Woche.

Was zuletzt noch bei der Erstellung von Säulendiagrammen berücksichtigt werden sollte, ist, dass eine Sortierung nur nach Wert des Elements oder alphabetischer bzw. nummerischer Reihenfolge der Gruppierung erfolgen kann. Wenn man also Monatsnamen auswählt, kann eine zeitliche Reihenfolge nicht mehr erstellt werden. Eine Sortierung nach Zeit kann also nur mit nummerischer Darstellung umgesetzt werden.

3.2.7.2 Balkendiagramm

Da Balkendiagramme im gleichen Widget wie Säulendiagramme erstellt werden, gelten die oben genannten Erkenntnisse innerhalb der Umsetzung in Google Analytics genauso für die Balkendiagramme. Im Folgenden werden die Balkendiagramme nun hinsichtlich der IBCS-Notationsstandards für Diagramme mit vertikaler Kategorienachse untersucht.

Die folgende Abbildung 22 zeigt zwei gestapelte Balkendiagramme. Das erste Beispiel zeigt die Darstellung in Google Analytics und das zweite Umsetzung nach den IBCS-Notationsstandards. Wie schon bei den Säulendiagrammen, können auch bei den Balkendiagrammen von Google Analytics keine exakten Werte eingefügt werden. Auffällig ist hier, dass die Beschriftung der Balken nicht, wie von IBCS vorgeschlagen, links daneben steht, sondern über den Balken gelegt wird. Dies macht es deutlich schwieriger zu erkennen, wo genau ein Balken oder eine Kategorie innerhalb eines Balkens aufhört.

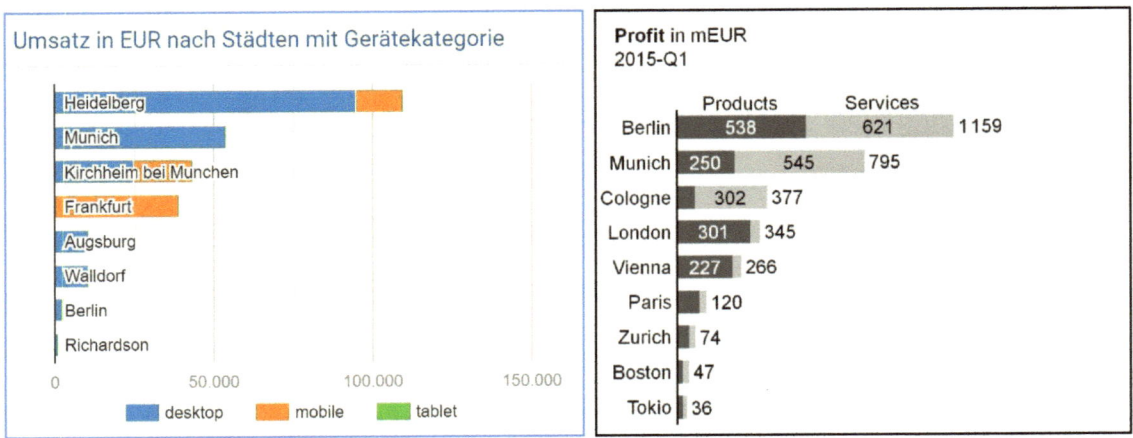

Abbildung 21: Profit in mEUR für Q1 2015 (Hichert und Faisst 2017, S. 33) (links) Umsatz in EUR nach Städten mit Gerätekategorie (rechts)

Auf den ersten Blick, liegt die Darstellung von Balkendiagrammen in Google Analytics zwar sehr nah an der geforderten Darstellung von IBCS, allerdings fehlt auch hier die Beschriftung der genauen Daten. Zudem erschwert die Beschriftung auf den Balken eine genaue Identifizierung der Balkenenden. Da eine Verwendung dieser Diagrammart unausweichlich ist, sollte Google Analytics hier mehr Möglichkeiten für die Anpassung bereitstellen und oben Beschriebene Kritikpunkte dabei unbedingt miteinbeziehen.

4 Fazit

Google bietet mit Google Analytics ein einfach zu implementierendes Webanalyse-Tool, das trotz datenschutzrechtlicher Bedenken die häufigste Verwendung findet. Dank vieler vorgefertigter Berichte und der Möglichkeit, personalisierte Dashboards zu erstellen, kann der Nutzer in kurzer Zeit wertvolle Einblicke in die Performance der zu analysierenden Webseite erhalten. Allerdings kommt das Webanalyse-Tool nicht nur schnell an seine Grenzen, sondern stellt die Daten auch nicht immer korrekt und übersichtlich dar, was schnell zu Unklarheiten oder

Fehlinterpretationen der visualisierten Daten führt. Im Rahmen der Arbeit wurde nun untersucht, inwieweit die Umsetzung der IBCS-Notationsstandards in den personalisierten Dashboards von Google Analytics gegeben ist. Im Folgenden werden die wichtigsten Erkenntnisse der Arbeit für Anwender und Softwarehersteller sowohl für das Dashboard im Allgemeinen, als auch für die einzelnen Widgets festgehalten.

Bei der Verwendung von personalisierten Dashboards kann man bereits bei den allgemeinen Einstellungen erste Einschränkungen erkennen. Eine Anpassung von Farben und Mustern ist im gesamten Tool nicht möglich, weshalb diese sehr grundlegende Gestaltungsrichtlinie der IBCS nicht eingehalten werden kann. Auch eine durchgängige Gestaltung dieser wird von Google nicht ermöglicht. Hier sollte Google Analytics in Erwägung ziehen, die Einstellung für eigene Farbschemas und Muster zu ermöglichen. Weitere Einstellungsmöglichkeiten bestehen nur im Layout, sowie der Festlegung des Zeitraums und der Segmente. Wie die Arbeit gezeigt hat, sollte man Vergleichszeiträume und -segmente jedoch nur in Ausnahmen und mit Bedacht verwenden, da diese schnell zu irreführenden Darstellungen führen können.

Nach den IBCS-Notationsstandards sollte die Darstellung einzelner Messwerte und Kreisdiagramme aufgrund ihrer geringen Informationsdichte und Aussagekraft generell vermieden werden. Dies sollte besonders deshalb beachtet werden, weil es für personalisierte Dashboards ein Maximum von zwölf Widgets gibt und eine möglichst hohe Informationsdichte für ein Dashboard erwünscht ist. Auch das Widget für Tabellen muss aufgrund ihres Maximums von drei Spalten und zehn Zeilen hinsichtlich der Verwendung in personalisierten Dashboards kritisch betrachtet werden. Es kann nicht, wie von den IBCS gefordert, dazu dienen Informationen herauszusuchen, da maximal 20 Werte dargestellt werden können. Nachdem Dashboards lediglich einen Überblick über die wichtigsten Daten geben sollen, können hier auch Tabellen sinnvoll eingesetzt werden.

Bei der Verwendung von Landkarten sollte berücksichtigt werden, dass eine Differenzierung nur über Farbtöne bzw. für Städte zusätzlich über Punktgröße hat. Es sollte darauf geachtet werden, dass man eine geeignete Kombination von Landkarte und Regionen wählt, damit keine unübersichtliche Visualisierung entsteht.

Verlaufs- und Balkendiagramme gehören laut IBCS zu den wichtigsten Diagramm-formen. Auch in Google Analytics wurde deren deutlicher Vorteil gegenüber den anderen Darstellungsformen innerhalb der personalisierten Dashboards erkannt. Man kann damit zeitliche Verläufe oder verschiedene Kategorien gut darstellen, sowie eine zweite Dimension einfügen. Zwar gibt es auch hier einige Einschränkungen, diese sind im Vergleich mit den anderen Darstellungsformen jedoch gering.

Schließlich besteht noch die Möglichkeit, die selbst erstellten Dashboards als PDF oder Email zu exportieren, jedoch entfallen dadurch wichtige Funktionalitäten, wie zum Beispiel die genaue Wertermittlung eines Datenpunktes oder der tiefere Einblick in eine Kennzahl durch Wegfall der Verlinkung mit anderen Reports.

Als gebührenfreie Plattformlösung, bietet Google Analytics viele Möglichkeiten, wertvolle Einblicke in die Performance von Webseiten und eine gute Übersicht von Geschäftsabwicklungen zu bekommen. Auch die gute Anbindung an andere Produkte von Google, wie den Google Tag Manager und Google Ads, ermöglichen ein umfassendes, aber auch schnelles und einfaches Aufsetzen von wichtigen Funktionalitäten. Google Analytics hat eine eigens entwickelte Art, die entsprechenden Daten zu visualisieren und bietet nicht, wie bei anderen Tools, dedizierte Anpassungen nach eigenen Wünschen oder Vorgaben. Hier lohnt es sich, die Daten auch mithilfe anderer Tools darzustellen, insbesondere dann, wenn die Berichte auch in ausgeruckter oder PDF-Form zur Verfügung stehen sollen.

Zusammenfassend lässt sich festhalten: Trotz der Schwächen bezüglich der IBCS-Notationsstandards, lohnt sich die webbasierte Anwendung von Google Analytics, um entscheidende Einblicke in wichtige Kennzahlen der Webseite zu bekommen.

Literaturverzeichnis

Analytics Help (2019): Analyze Enhanced Ecommerce data. Conversion Rate and Average Order Value. Google. Internet. Online verfügbar unter https://support.google.com/analytics/answer/6014873?hl=en, zuletzt geprüft am 14.06.2019.

Berg, Christian (2018): Web-Tracking im E-Commerce. Erfolgsmessung von Retargeting- und Prospecting-Maßnahmen mit Google und Facebook. 1. Auflage. Baden-Baden: Nomos.

Brockhaus (Hg.) (1999): Brockhaus Enzyklopädie in vierundzwanzig Bänden. Neunzehnte, völlig neu bearbeitete Auflage. Sechzehnter Band Nos - Per. Unter Mitarbeit von F.A. Brockhaus Mannheim. 19. Aufl. 24 Bände. Mannheim: F.A. Brockhaus Mannheim (16).

Corey, K. E.; Wilson, M. I. (2009): e-Business and e-Commerce, S. 285–290. DOI: 10.1016/B978-008044910-4.00148-6.

Google Analytics (2018): Nutzer für Nutzermesswerte ermitteln. Internet. Online verfügbar unter https://support.google.com/analytics/answer/2992042?hl=de, zuletzt geprüft am 14.06.2019.

Google Analytics (2019a): Absprungrate. Absprungrate. Google. Internet. Online verfügbar unter https://support.google.com/analytics/answer/1009409?hl=de, zuletzt geprüft am 14.06.2019.

Google Analytics (2019b): Der Unterschied zwischen Google Ads-Klicks und Sitzungen, Nutzern, Einstiegen, Seitenaufrufen und einzelnen Seitenaufrufen in Analytics. Seitenaufrufe im Vergleich zu eindeutigen Seitenaufrufen. Internet. Online verfügbar unter https://support.google.com/analytics/answer/1257084#pageviews_vs_unique_views, zuletzt geprüft am 14.06.2019.

Google Analytics (2019c): Informationen zu Websitzungen. Google. Internet. Online verfügbar unter https://support.google.com/analytics/answer/2731565, zuletzt geprüft am 14.06.2019.

Google Analytics (2019d): Über Dashboards. Die wichtigsten Berichte auf einen Blick sehen. Hg. v. Google. Internet. Online verfügbar unter https://support.google.com/analytics/answer/1068216?hl=de, zuletzt geprüft am 10.06.2019.

Hichert, Rolf (2010): UNIFY – Bedeutung Vereinheitlichen. Rolf Hichert über den Regelbereich UNIFY der SUCCESS-Formel. Video. Online verfügbar unter https://www.ibcs.com/de/resource/unify-video-clip-rolf-hichert/, zuletzt geprüft am 06.06.2019.

Hichert, Rolf; Faisst, Jürgen (2014): Notation standards in business communication and their practical benefits. Hg. v. Hichert+Faisst GmbH. IBCS Association. Internet.

Online verfügbar unter https://www.ibcs.com/wp-content/uplo-ads/2016/08/SAP-IBCS-white-paper_2014-06-18.pdf, zuletzt geprüft am 10.06.2019.

Hichert, Rolf; Faisst, Jürgen (2017): International business communication standards. Conceptual, receptual, and semantic design of comprehensible business reports, presentations, and dashboards. Unter Mitarbeit von Rolf Hichert und Jürgen Faisst. IBS® Version 1.1 (2017). Charleston: CreateSpace Independent Publishing Platform.

IBCS Association (o.J.): IBCS Institute. Hg. v. IBCS Association. Internet. Online verfügbar unter https://www.ibcs.com/de/ibcs-institute/.

Keßler, Esther; Rabsch, Stefan; Mandić, Mirko (2019): Erfolgreiche Websites. SEO, SEM, Online-Marketing, Kundenbindung, Usability. 4., aktualisierte und erweiterte Auflage. Bonn: Rheinwerk Verlag (Rheinwerk Computing).

pwc (2014): Global 100 Software Leaders by revenue. Internet. Online verfügbar unter https://www.pwc.com/gx/en/industries/technology/publications/global-100-software-leaders/explore-the-data.html, zuletzt geprüft am 24.06.2019.

Reese, Frank (2009): Web Analytics - damit aus Traffic Umsatz wird. Die besten Tools und Strategien. 2., unveränderte Aufl. Göttingen: BusinessVillage (Edition BusinessInside).

Riche, Nathalie Henry (2018): Data-driven storytelling. Boca Raton, FL: CRC Press (A K Peters visualization series).

Statista (Hg.) (2018): Welche Web-Controlling-Lösungen setzen Sie für Ihren On-line-Shop ein? Hg. v. Statista. Statista. Internet. Online verfügbar unter https://de.statista.com/statistik/daten/studie/4305/umfrage/verwendung-von-web-controlling-durch-online-haendler/, zuletzt geprüft am 03.06.2019.

US Securities and Exchange Commission (2015): Form 8-K Alphabet Inc. US Securities and Exchange Commission. Internet. Online verfügbar unter https://www.sec.gov/Archives/ed-gar/data/1652044/000119312515336577/d82837d8k12b.htm, zuletzt geprüft am 04.06.2019.

Weber, Jonathan (2015): Practical Google analytics and Google tag manager for developers. [Berkeley, CA]: Apress (For professionals by professionals). Online verfügbar unter https://ipfs.io/ipfs/QmNz7iBVwY-raL85DSRa4kC4xyM3h1WyN8RkLDSypPCcu4W/Practical%20Google%20Analytics%20and%20Google%20Tag%20Manager%20for%20Developers.pdf, zuletzt geprüft am 04.06.2019.